agora
aqui
ninguém
precisa
de si

arnaldo antunes

agora aqui ninguém precisa de si

Copyright do texto e das fotos © 2015 by Arnaldo Antunes

Grafia atualizada segundo o Acordo Ortográfico da Língua Portuguesa de 1990, que entrou em vigor no Brasil em 2009.

Capa e projeto gráfico
Arnaldo Antunes

Revisão
Isabel Jorge Cury

Dados Internacionais de Catalogação na Publicação (CIP)
(Câmara Brasileira do Livro, SP, Brasil)

Antunes, Arnaldo
    Agora aqui ninguém precisa de si / Arnaldo Antunes — 1ª ed. — São Paulo : Companhia das Letras, 2015.

    ISBN 978-85-359-2596-8

    1. Poesia brasileira I. Título.

15-03676   CDD-869.91

Índice para catálogo sistemático:
1. Poesia : Literatura brasileira   869.91

2ª reimpressão

[2021]
Todos os direitos desta edição reservados à
EDITORA SCHWARCZ S.A.
Rua Bandeira Paulista, 702, cj. 32
04532-002 — São Paulo — SP
Telefone: (11) 3707-3500
www.companhiadasletras.com.br
www.blogdacompanhia.com.br
facebook.com/companhiadasletras
instagram.com/companhiadasletras
twitter.com/cialetras

Sumário

nada, 9
a água, 11
neste depois, 13
nocaute, 15
sala vazia, 16
(f)útil, 19
acaba acontecendo, 21
só o sol, 22
narciso, 25
desgênesis, 27
dois pés, 29
cielo ciclo, 31
desprezo, 32
ponte, 35
procura uma parede, 36
água placentária, 38
dot by dot, 41
mancha, 43
recuerde, 44
coleção de esquecimentos, 47

todo mundo, 48
ânsia mansa, 51
ocaso, 53
desamarrar, 57
faz-se, 59
sonho, 60
moon do, 63
lunha, 65
pedra de pedra, 67
osso, 71
súbito mito, 72
você que me continua, 75
formiga, 77
horas, 78
imprevisto, 81
prosinhas, 82
conversa, 87
quando alguém perguntar, 89
inver, 90
extrair, 93
átomo átimo, 95
um sopro, 97
raio de sol, 98
só assunto, 101
womb tomb, 103
um instante, 105
eu todo mundo, 106
contra o muro, 109
para reparar, 111
ferida, 113
um aceno, 115
abrilho ferrolho, 117
rede, 119
não sei, 121
fogo, 123

epifania, 125
não posso dormir em São Paulo, 127
poema tirado de uma notícia de jornal 2, 128
o ruído do rio, 131
xis, 132
se acha, 135
história, 137
cópula, 138
o que é, 141
silêncio, 142

nada
com um vidro na frente
já é alguma coisa

nada
com um vento batendo
já é alguma coisa

nada
com o tempo passando
já é alguma coisa

mas
não é nada

a água
da água
não se se
para

não se se
gura
a água

a água
só se

ca

algures
vênus

                                        alhures
                                            sírius

                  mas aqui

                    neste
                    depois

          agulha   alguma

                    fura

                  o céu
                  de CO_2

ileso em meu asilo
de carne e pele
passo
do impasse que me impede
ao impulso que me impele
ao impacto
e peço
ao tempo que apressa o passo
do ímpeto ao inevitável
que me livre
de empate
e me leve
leve
ao nocaute
do casulo que me isola
agora

espera
na sala de espera

janta
na sala de jantar

está
na sala de estar

sonha sumir
um dia
em uma sala
vazia

ÚTIL

o que você mais teme
acaba acontecendo

o que você mais quer
acaba acontecendo

o que ninguém espera
acaba acontecendo

o que ninguém consegue
mais conter

acaba
de acontecer

só

o

sol

não

vê

o

céu

que

o

e   n   v   o   l   v   e

                                    com

                        o

                            véu

            de

                                breu

                        e

                                        frio

                    que

                        o

    d   i   s   s   o   l   v   e

água que vejo   :   bebo.

meu oposto.   :   meu rosto

espelho   :   meu colostro.

fruto　　e　　furto
suculento
do sabor　　e　　do saber
a que sucumbo
desde eva
até o tombo
na treva
do futuro
que realizo
puro
liso
livre
de paraíso

todo santo
dia

usando a gravidade deslocando-se do
eixo apoiando-se num pé depois no
outro esquerdo usando-o como instru-
mento corpo que se deixa pêndulo que
pende trêmulo e assim pendente deita
em pé pesando breve enquanto leve
perde seu suporte e segue revezando
peso e peso um pouco em cada pon-
to pé direito até o avesso sola sobre
o solo e a favor do vento paira pou-
sa ala pedra asa tesa desce e voa a
esmo enquanto se enterra a si mesmo

Alheia
a quem
anseia
seu apreço,
alimenta
no espelho
o alien
do desprezo.

Do hall
do seu
palácio
humilha o moço
e gargantilha
o sol
no seu
pescoço.

Sua boca,
arma
dilha
sem desejo,
castiga
a presa
com mais
um bocejo.

No exílio
de sua
bolha
de embaraço,
embaça
o olhar
alheio
e aperta o passo.

aqui
o ponto

ali
a linha

—

então
ponte

—

a minha

então
sua

—

no horizonte
lua

procura uma parede
no auge
do ar.

como não há,
inventa.

veria o vento verde
no alto
da árvore

se movendo, mas
nem tenta.

água placentária
lago, lagoa
convidando ao mergulho
mergulho
mercúrio
regendo meu nascimento
cotidiano
e minha morte
repetida
contínua
continuada
dia a dia
dando
carne ao nome
luz ao lume
dente à fome
céu ao cume
dia a dia
da idade
em mim
até a noite
de todo fim
e toda finalidade

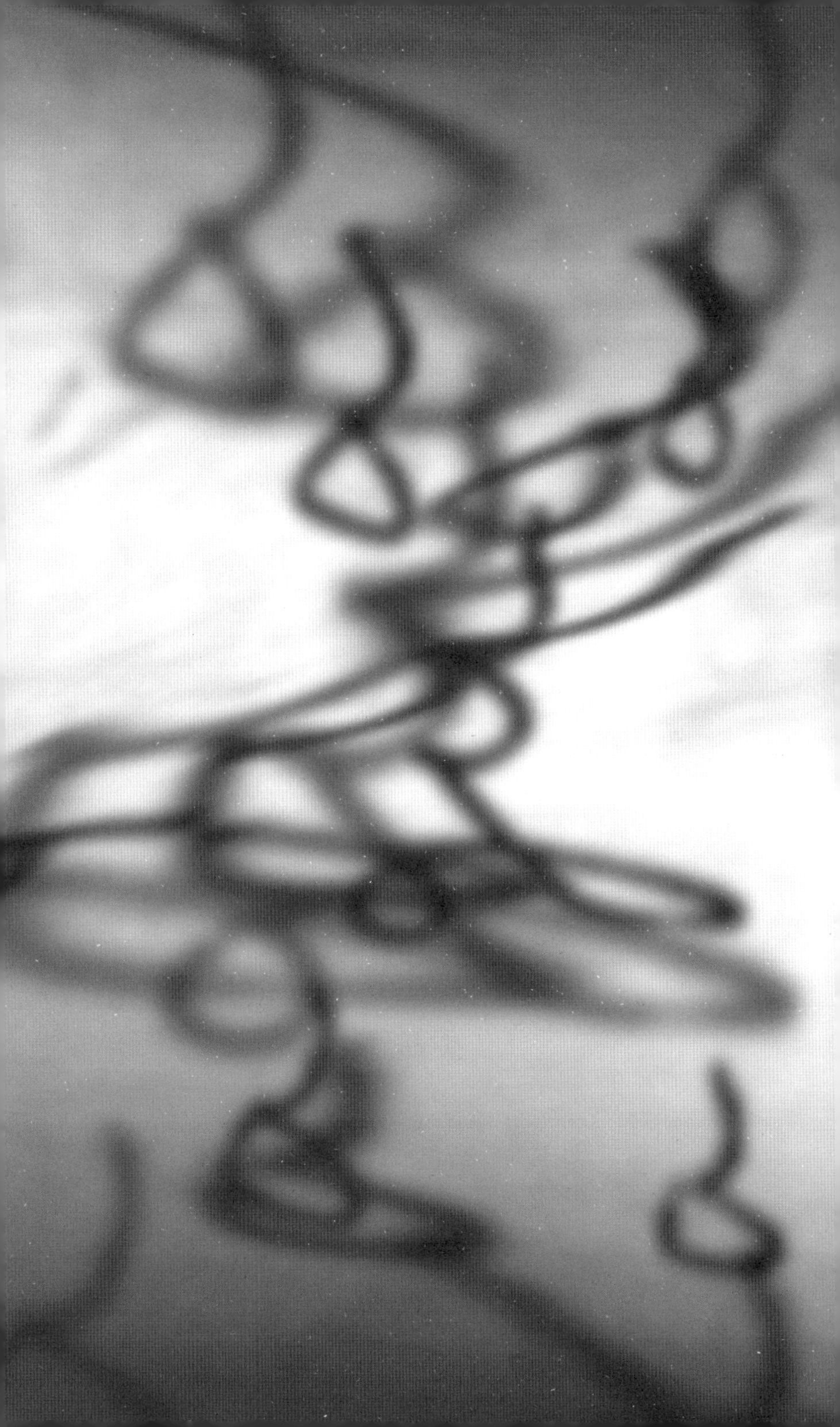

dot by dot

puntos de vista

ponto de apoio

strelas

in

the dark

cielo

. cosm

toda mancha
tem o desenho de uma
poça
com o contorno de uma
rocha
toda mancha
roxa
na pele
ou no papel
onde uma gota
de sangue
se derrama
no lenço
ou no lençol
da cama
como
mangue
ou ilha
numa foto
aérea
quase
esfera
filha
imprecisa
de orla
que o
acaso
forja
fora
do destino
sibilino
:
forma.

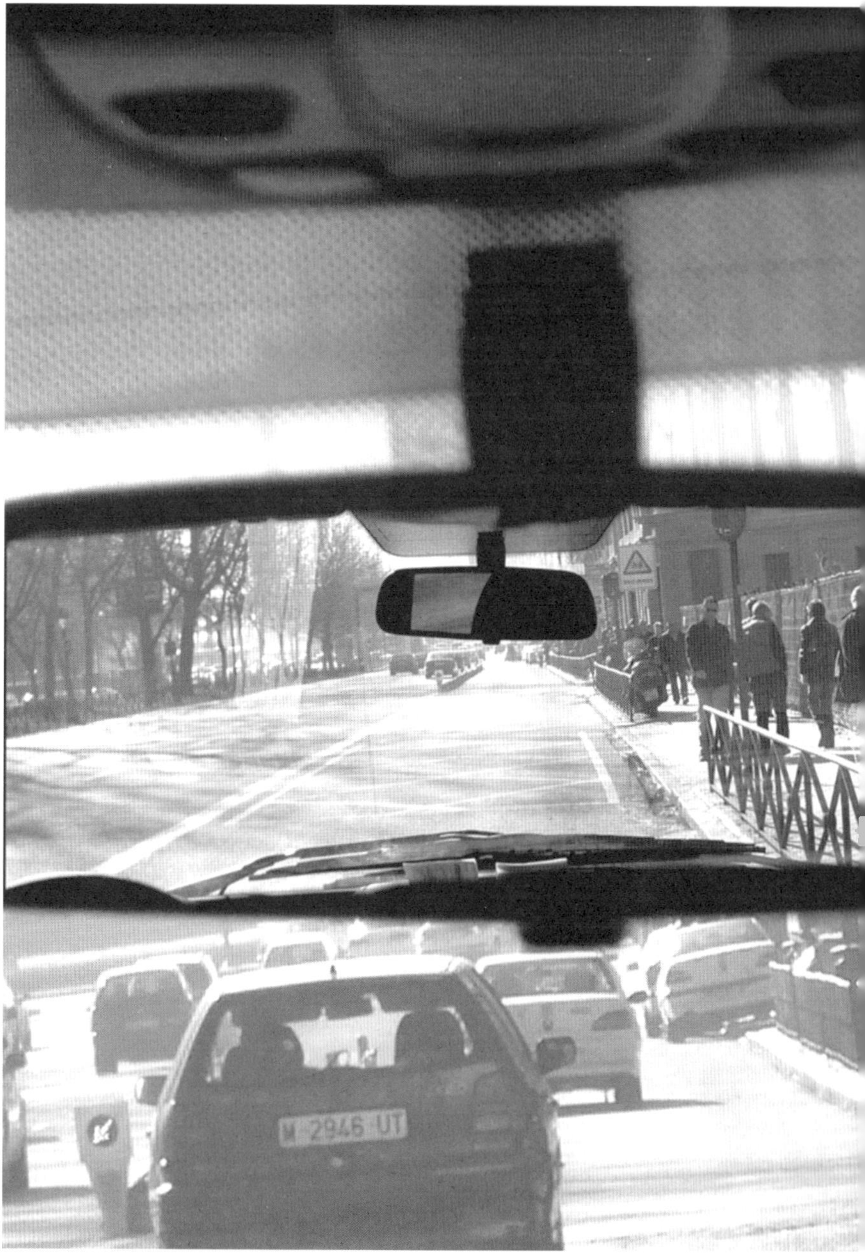
M 2946 UT

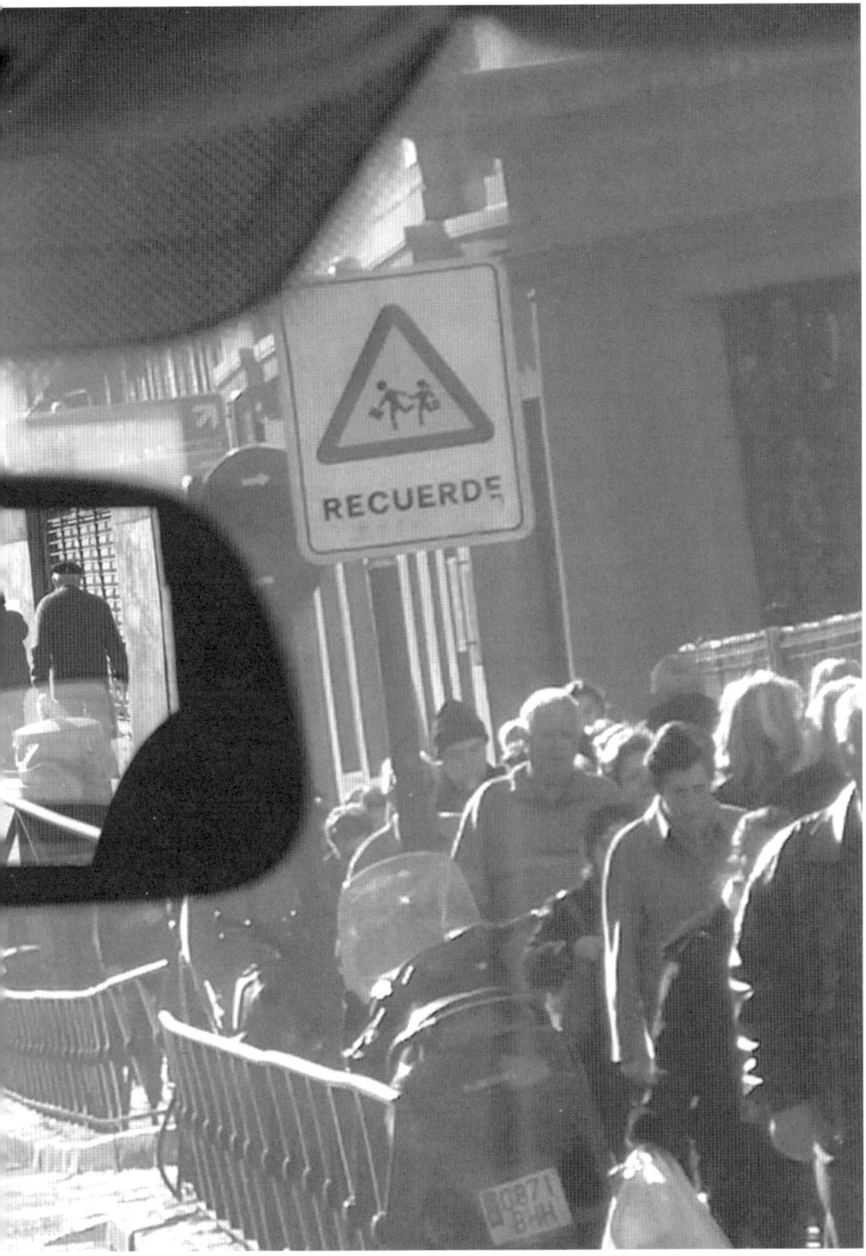
RECUERDE

eu tenho uma coleção de esquecimentos
e apenas duas mãos pra ver o mundo
meu dia passa inteiro num segundo
mas nada abafa a voz dos pensamentos

nem frontal e nem melatonina
eu tenho as saudades de um soldado
do que haveria de ser o meu passado
de tudo que escapou da minha sina

desculpas, culpas, lapsos de sinapses
impregnam minha corrente sanguínea
e sigo apassivando a carne ígnea
e aplainando os vértices dos ápices

eu sou o super-homem submisso
às rotas da rotina e ao tempo escasso
enquanto esqueço do próximo passo
anoto um outro novo compromisso

queria estar a sós comigo mesmo
e ter a eternidade toda em torno
desfalecer no fogo desse forno
até me desfazer como um torresmo

TODO M
MAIS S
LIVRE
MUNDO

MUNDO
MPLES

SIAM
ODOT

se ânsia mansa

não ex

iste

o que é

isto

que   pers   ins   res

(de mim

não des)

iste?

1

começa a turvar

e termina

por entrevar

o ensaio

de mundo real

que nos envolve

do céu

ao mar (turmalina

sem cor

nem contorno)

quando

o sol

encosta

na encosta

da colina.

2

sem forma e fundo

casca e forro

corpo e mundo

agora

só a mesma

homogênea

melanina

inunda

a pele de tudo

fora

da retina

quando o sol

afunda

na corcunda

da colina.

3

assim

o ocaso

nos ensina

sem margem

de acaso

nem quimera

que a miragem

de anilina

e aquarela

não dura

mais que um dia

nessa terra

sem terra

sem sol

e sem colina.

d e s a m a r r a r

o mar

d e r r a m a r

o mar

r u m a r

ao mar

u r r a r

ao mar

d e s a r r u m a r

O CORPO EM PÉ DEITA
O CORPO DEITADO DORME
O CORPO SEM SOL SOME
O CORPO MORTO NÃO SOFRE
O CORPO COM FRIO SE COBRE
O CORPO UM LUGAR PREENCHE
O CORPO PRENHE TEM LEITE
O LEITE DO CORPO É QUENTE
O CORPO DE FRENTE ENXERGA
O CORPO SÓ SE CARREGA
O CORPO DO SONO ACORDA
O CORPO AO SENTAR SE DOBRA
O CORPO COM DOR SE MEXE
AOS POUCOS O CORPO CRESCE
O CORPO DO CORPO NASCE
O CORPO SEM CORPO FAZ-SE

sonho
que estou tentando
tanto
fazer uma coisa
mas outras coisas
me atrapalham
— desvios, falhas, enganos,
obstáculos
espetaculares, perigos
de morte, lapsos
de memória, acidentes,
catástrofes, pormenores
irrelevantes, pessoas
que desaparecem
ou se transformam
em outras ou
surgem repentinamente
como se já estivessem ali
há muito tempo,
ou se perderam
e esperam
que alguém (eu,
é claro)
as leve
de volta

ao caminho —
e me afasto da meta
que persigo
flecha
cada vez mais longe
do arco
e do alvo
quando então
do alto
do teto
caio
no colchão
do quarto
em que desperto
Sísifo
dissidente
do círculo
eternamente
incompleto.

moon

do

l   u   n   h   a

pedra de pedra de pedra
o que a faz tão concreta
senão a falta de regra
de sua forma assimétrica
incapaz de linha reta?

talvez a sua dureza
que mão alguma atravessa
tateia mas não penetra
o amálgama dos átomos
no íntimo da molécula?

será por estar parada
com sua presença discreta
sobre o chão mimetizada
obstáculo na pressa
onde o cego pé tropeça?

pedra de pedra de pedra
impenetrabilidade
íntegra ilesa completa
igual na luz ou na treva
do Cáucaso ou da Sibéria.

o que a faz tão concreta
de pedra de pedra pedra?
será sua superfície
que expõe a mesma matéria
da entranha mais interna?

casca que continua
por dentro do corpo espesso
e encrua até o avesso
sem consistência secreta
repleta apenas de pedra?

de pedra pedra de pedra
pousada em cima da terra
alheia à atmosfera
que a faz repousar pesada
no berço de sua inércia.

com sua massa compacta
onde planta não prospera
e nem bactéria medra
sobre a crosta que o sol cresta
até o seu nome empedra.

penha de penha de penha
fraga rocha roca brenha
por que se faz tão concreta?
por sua idade avançada
ou por rolar pela estrada?

talvez por estar inteira
entre uma e outra beira
de sua forma coesa
que se transforma em areia
quando o tempo a desintegra?

ou só porque não anseia
ser outra coisa e não esta?
nem pessoa nem floresta
nem mesmo a mera matéria
que a ideia não alcança?

ali: pele

aqui: carne

isso: osso

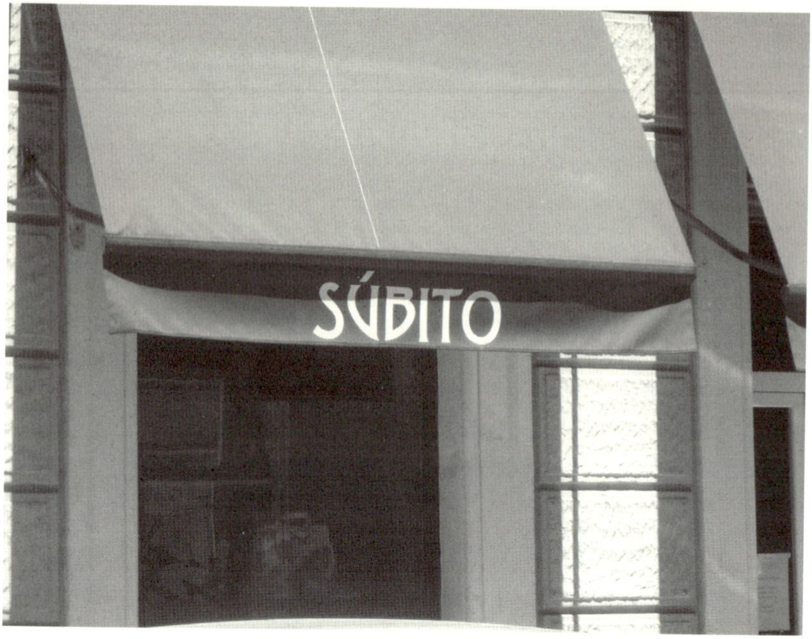
SÚBITO

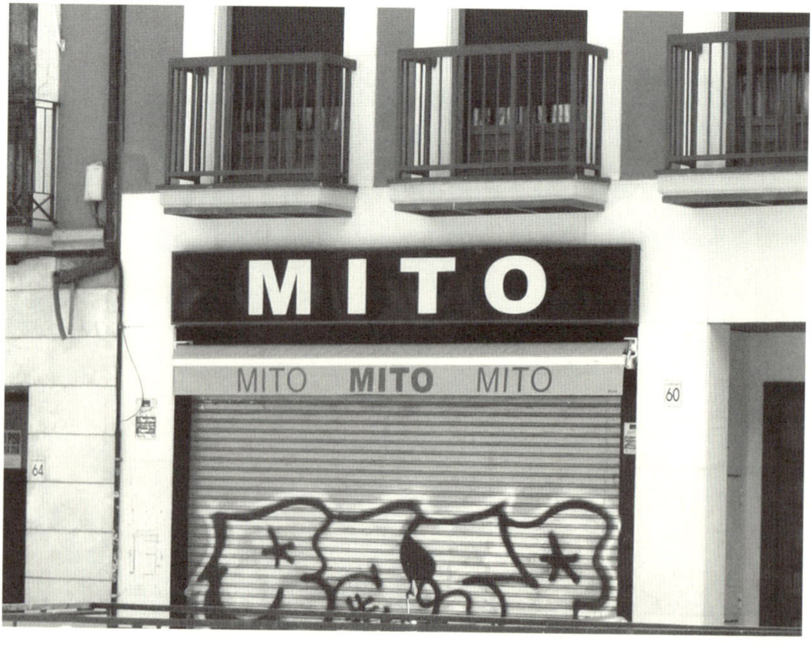
MITO
MITO MITO MITO
60
64

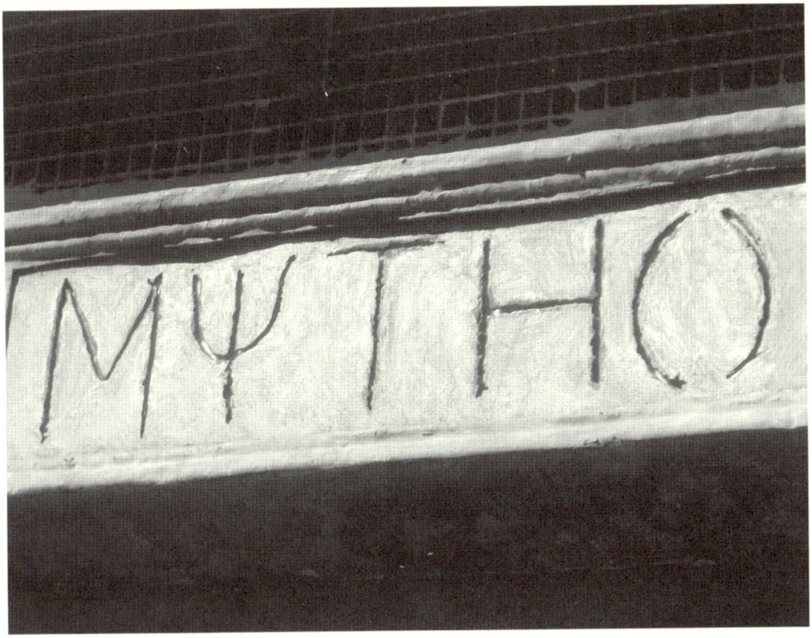
MΨTHO

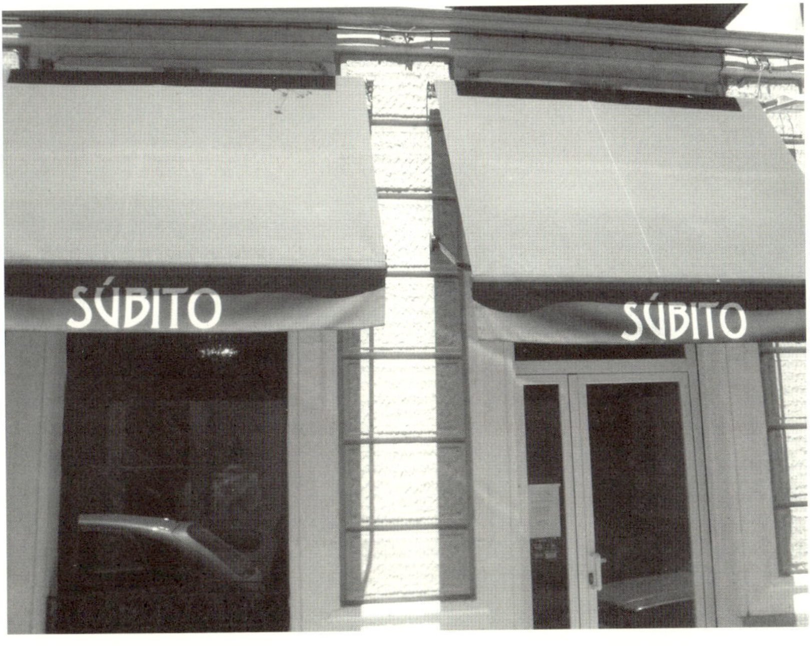
SÚBITO
SÚBITO

se ando cheio me dilua
se estou no meio conclua
se perco o freio me obstrua
se me arruinei reconstrua

se sou um fruto me roa
se viro um muro me rua
se te machuco me doa
se sou futuro evolua

se eu não crescer me destrua
se obcecar me distraia
se me ganhar distribua
se me perder subtraia

se estou no céu me abençoe
se eu sou seu me possua
se dou um duro me sue
se sou tão puro polua

se sou voraz me sacie
se for demais atenue
se fico atrás assobie
se estou em paz tumultue

se eu agonio me alivie
se me entedio me dê rua
se te bloqueio desvie
se dou recheio usufrua

você be me continua

carrega
um pedaço de folha maior que ela
num trajeto tortuoso
e cheio de obstáculos
que supera
com suas patas-tentáculos
(sucção a vácuo)
resoluta
resignada à labuta
com a carga em riste
resiste
à chuva e à seca
não breca
na lama mole
ou rua dura
sem fadiga
sem preguiça
sem mesmo saber
o que é isso
(peso, si, silêncio)
sob sol ou ventania
incansável
caminha
todas as horas do dia
só pra servir à rainha.

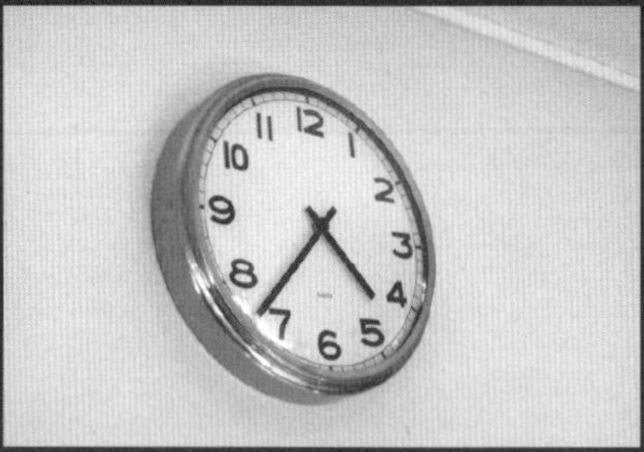
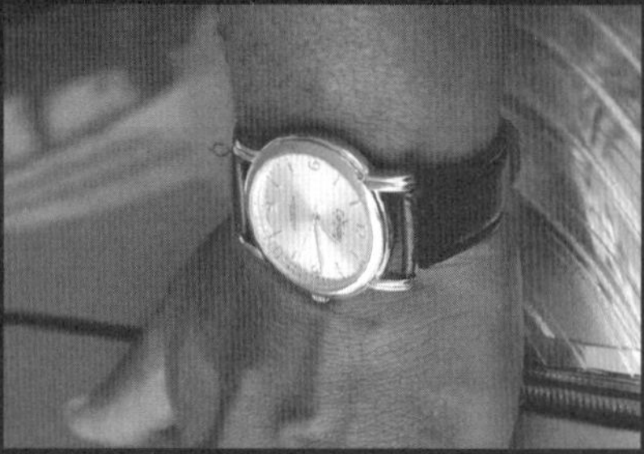
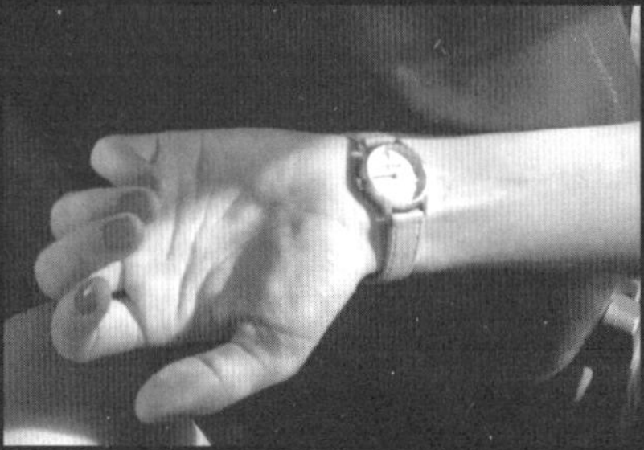
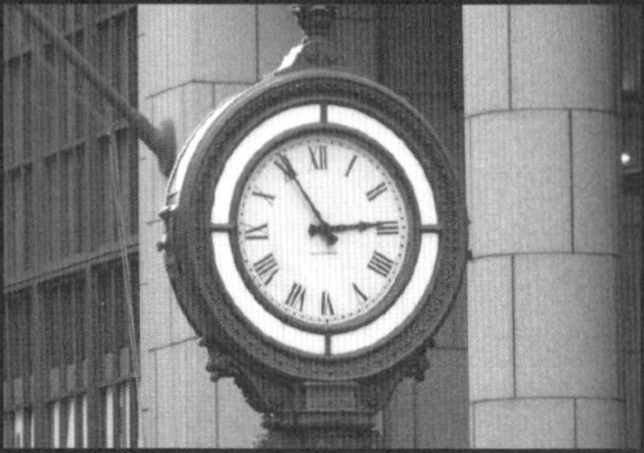
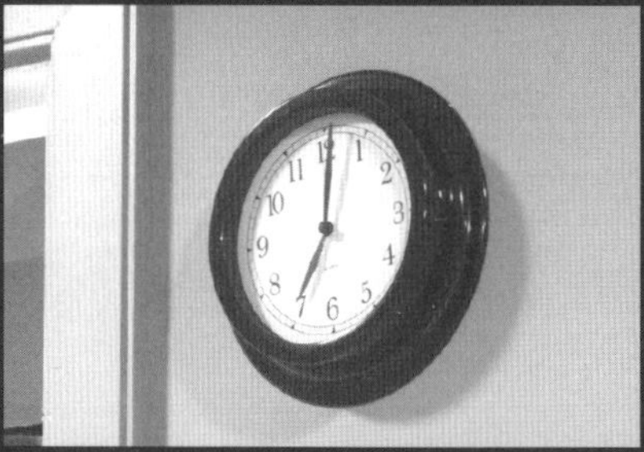
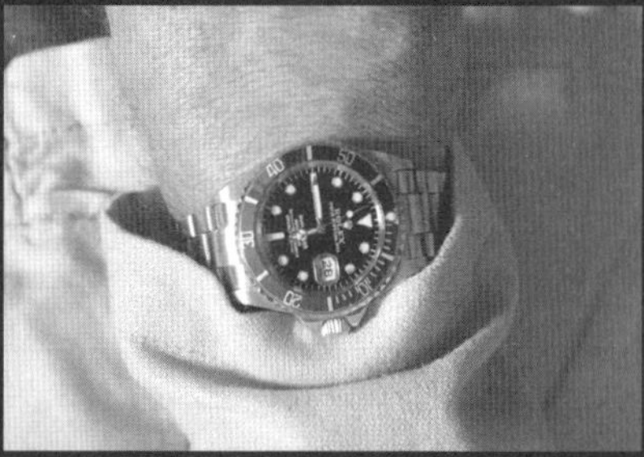
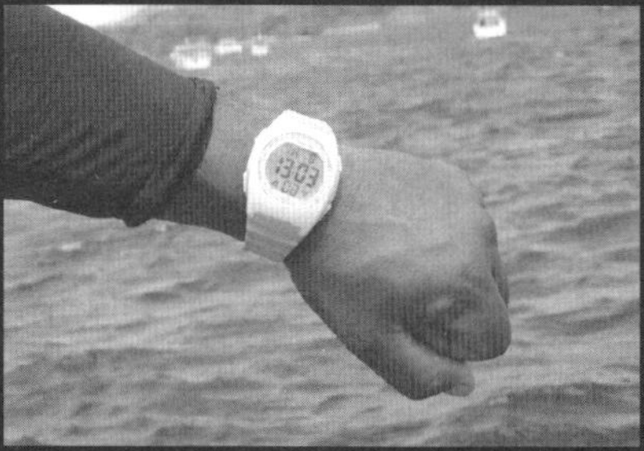
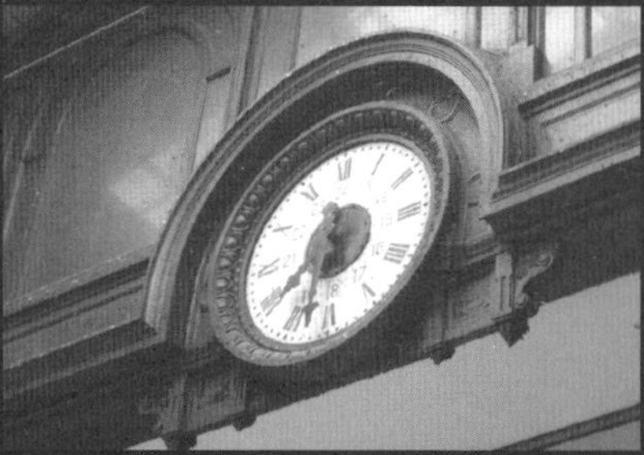

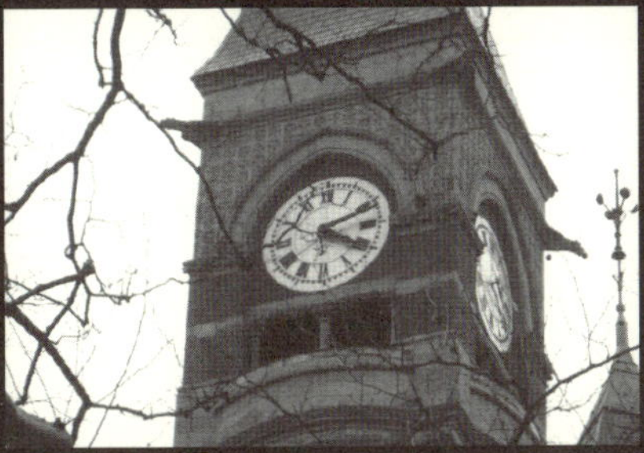
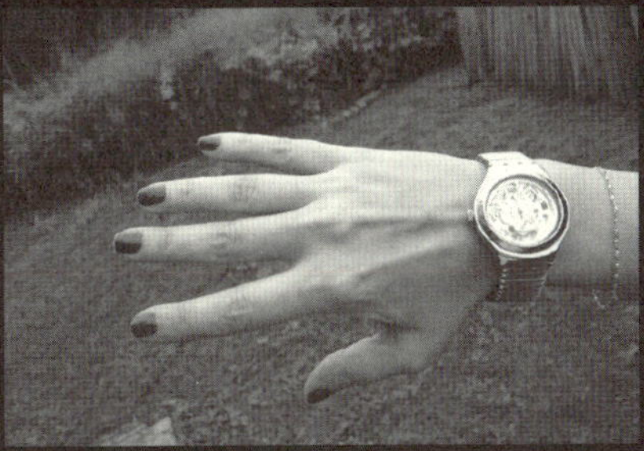
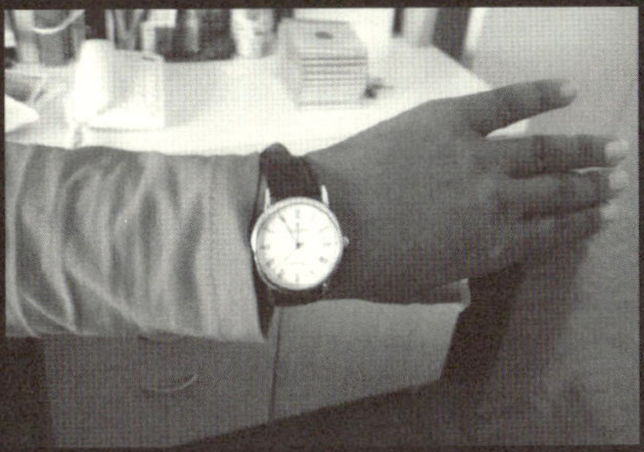
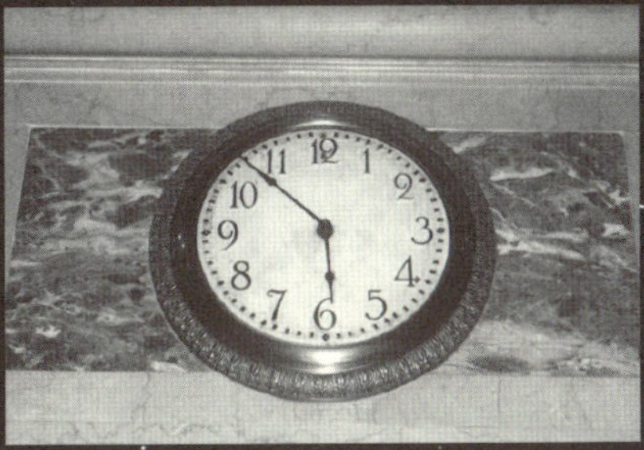
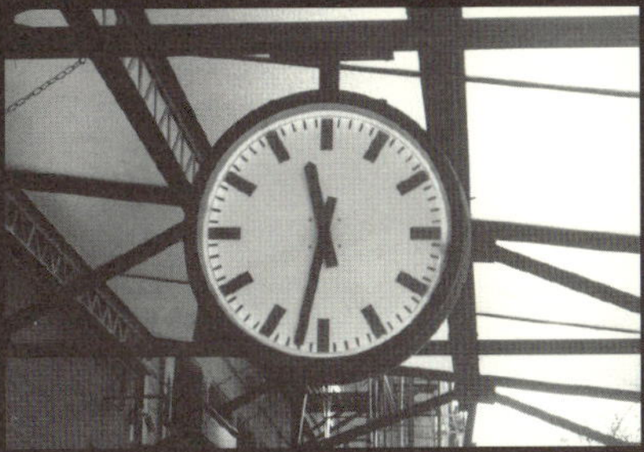
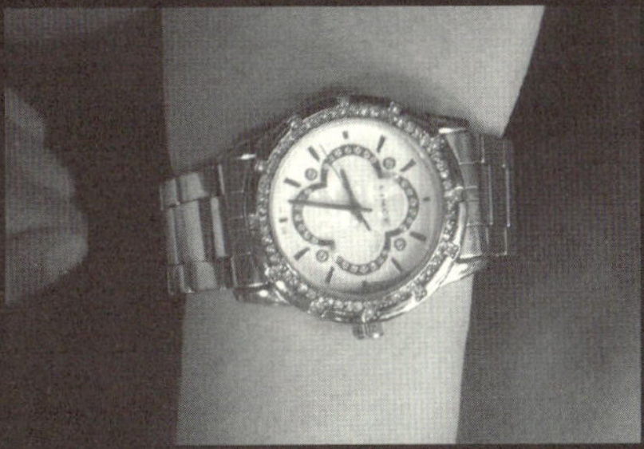
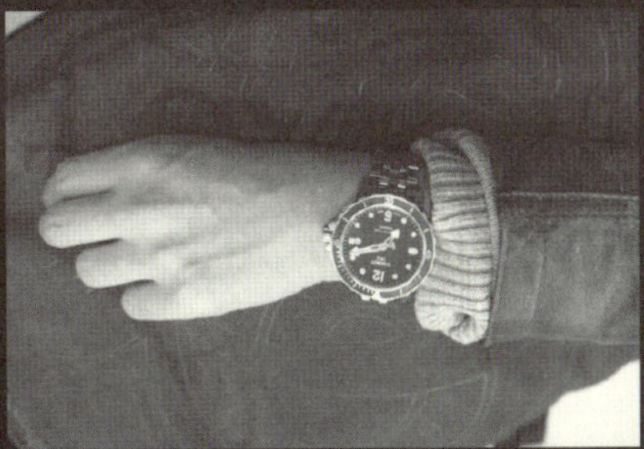
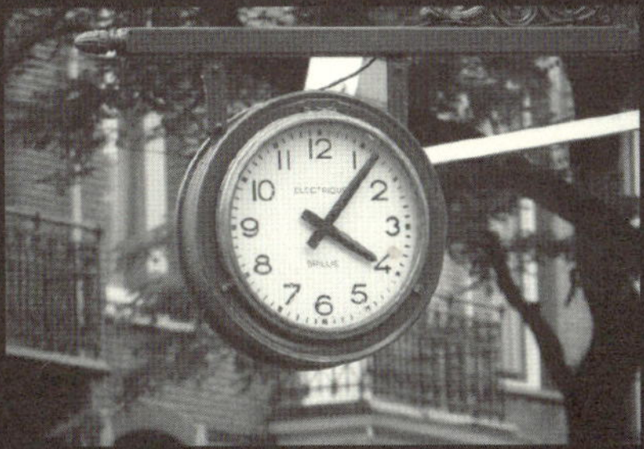

impretocado

impressentido

imprescutado

imprelido

imprevisto

prosinhas

O argumento do desalento é que ele mata há mais tempo.
Ora, é claro que o cigarro e o carro ficaram muito bravos!

                    Antigamente as guerras acabavam.
O fim das guerras era comemorado com grande entusiasmo.
                          Agora elas apenas continuam.

Um dia o pequeno inseto disse para o sr. Rato:
   — Se ficarmos sob o mesmo teto
      eu te mato.

      Entre muitos inimigos, o tímido se salvou porque não
                        conseguiu fazer amizade.

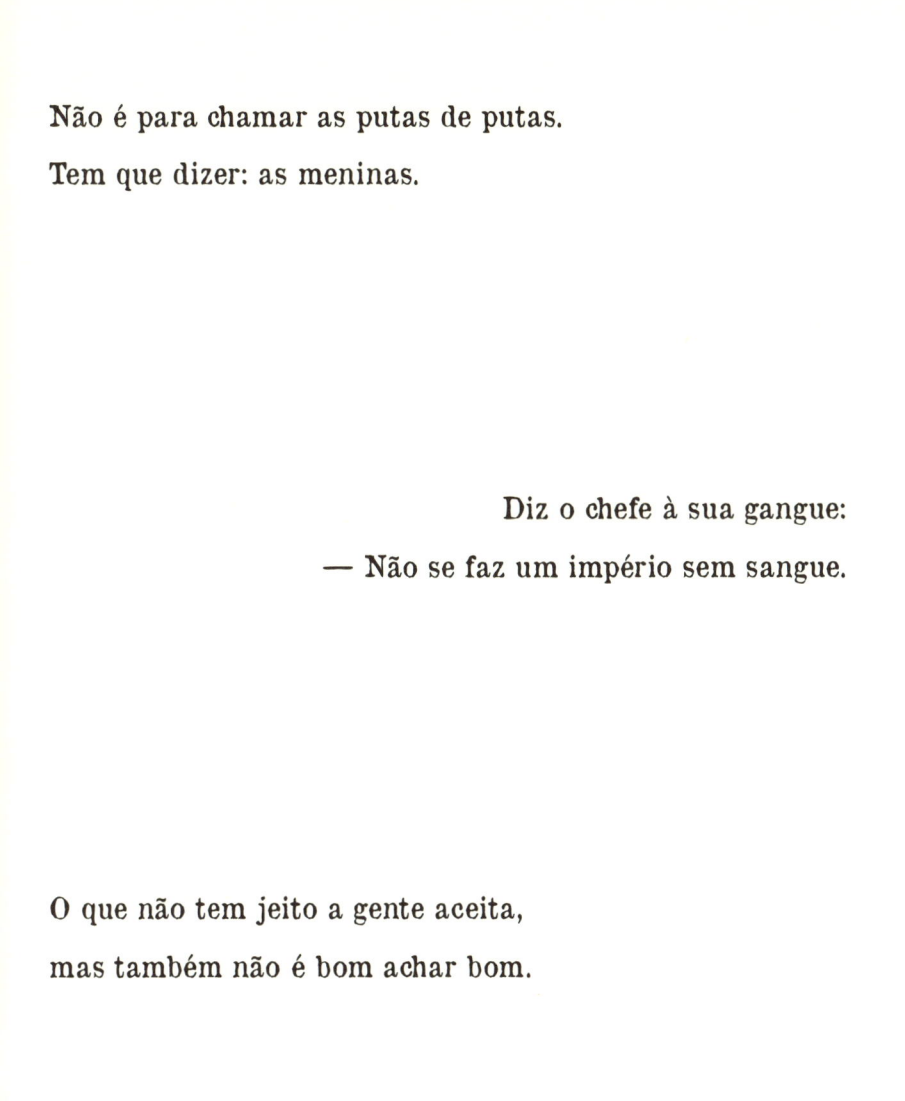

Não é para chamar as putas de putas.
Tem que dizer: as meninas.

                          Diz o chefe à sua gangue:
                  — Não se faz um império sem sangue.

O que não tem jeito a gente aceita,
mas também não é bom achar bom.

                  — Tem coisa que não se começa:
                        briga, vício, promessa.

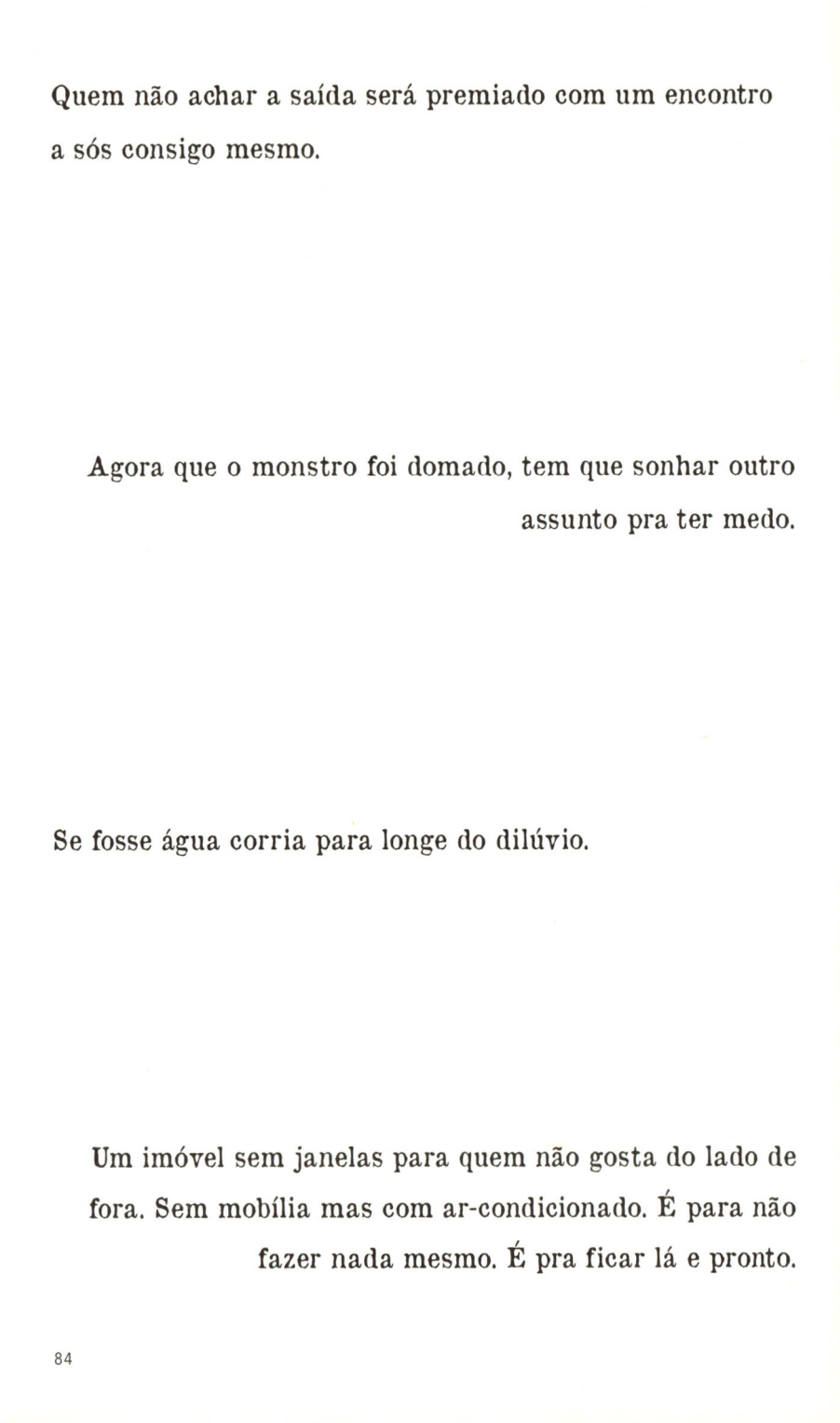

Quem não achar a saída será premiado com um encontro a sós consigo mesmo.

Agora que o monstro foi domado, tem que sonhar outro assunto pra ter medo.

Se fosse água corria para longe do dilúvio.

Um imóvel sem janelas para quem não gosta do lado de fora. Sem mobília mas com ar-condicionado. É para não fazer nada mesmo. É pra ficar lá e pronto.

Há mais de uma resposta pronta para tudo.

— Por quê?

— Porque sim!

ou: — Por que não?

O que eles juntos acham bom
é pior do que o que você acha mais ou menos.

Se alguém quiser falar, vamos escutar. Mas não vamos responder nada.

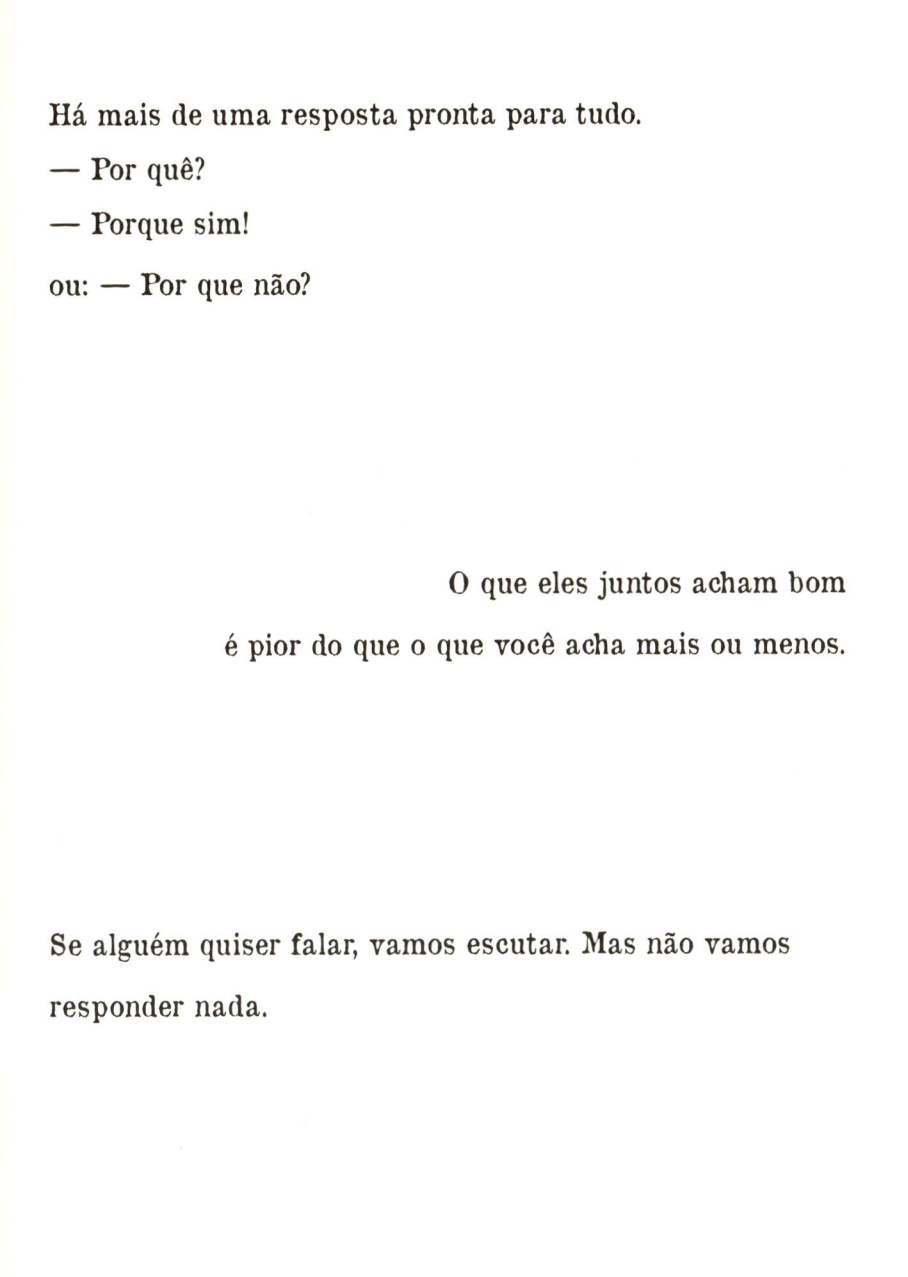

O ursinho Antonio não vai ganhar bolo, pois ficou o tempo todo comendo ovo.

— Pegaram ele de jeito. Puseram umas camisas nele, umas calças, umas coisas estranhas.
— E ele?
— Ele foi deixando. Quando viu, ele já não era ele mais. Era só um rasto do que ele tinha sido antes.
— E então?
— Ele continuou sendo e agora ele é ele.
— Como assim?
— Ele é como ele é.
— Mas você acha normal?
— Normal não pode ser, não é? Do jeito que ele olha, com aquelas roupas e tudo...
— Você acha que ele é feliz?
— Às vezes, mas às vezes também ele deve se lembrar e sentir saudades.
— Do quê?
— Dele mesmo, né? Do que ele era antes de mudar tanto.
— Mas todo mundo muda...
— Não assim, não tanto, não desse jeito, não com aquelas roupas que puseram nele!
— Então como é que fica?
— Acho que ele vai tentar apagar da memória o que ele foi antes.
— Como se tivesse nascido assim...
— É, como se tivesse morrido.

quando alguém perguntar
"como vai?"
responder
"tudo bem."

mesmo que tudo não
esteja bem.

quando alguém perguntar
"tudo bem?"
responder
"tudo bem."

mesmo que não esteja
tudo bem.

ou melhor:
quando alguém perguntar
"tudo bem?"
repetir:
"tudo bem?"

como se perguntasse
também.

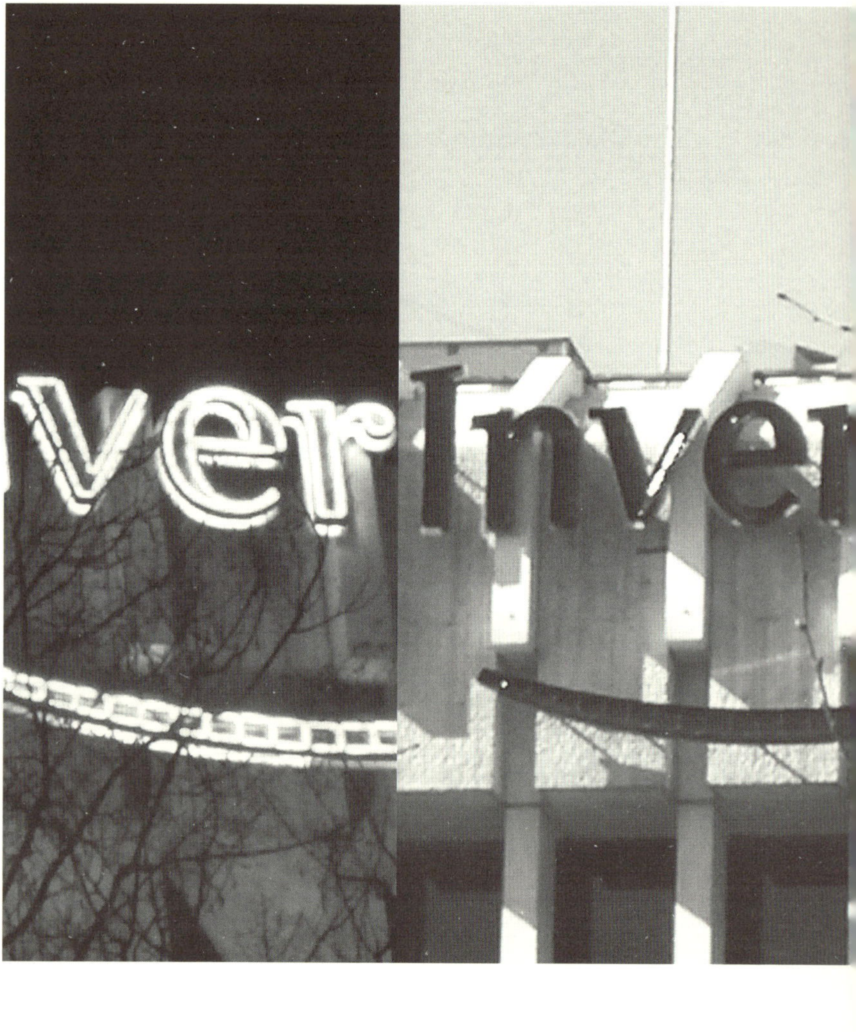
ver
Inve

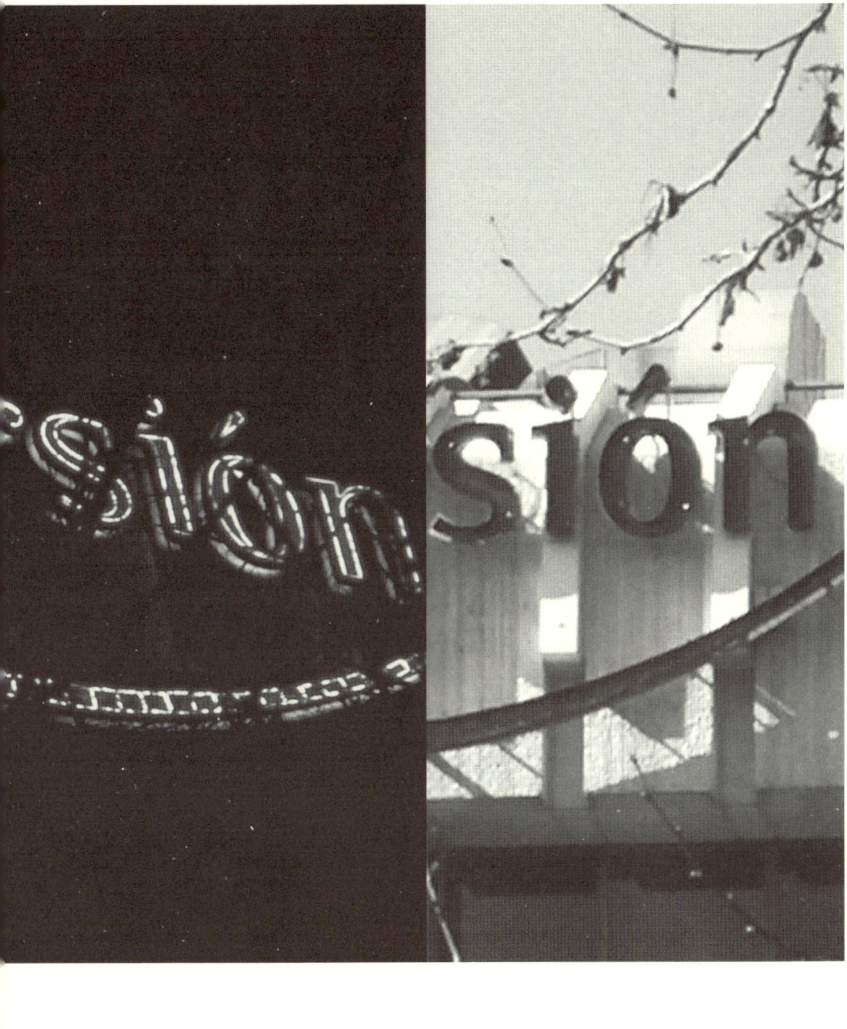
sión
sión

ex

trair

do tempo improvável, do improvável,

de suas maquinações, ações,

do ato regular que se dissipa em método, todo

hábito que habito, repito,

da meta inalcançável que me fita, cripta

do incontável número dos dias vividos, idos,

da inumerável cota dos dias por vir, ir,

da engrenagem que não para, dispara,

sacode o chão que piso, piso

de um ônibus em movimento, momento

em que me agarro ao cilindro de metal do alto

—

a vida

—

não a que resta ainda, indo,

mas a que transborda de cada ar expirado, inspirado,

até que arrebente, vente.

ÁTOMO

um sopro
é o que dura, o que pode durar
esse ins
tanto tempo se passou e ag
hora dia minuto
um sopro,
um tsu
many days without you
and
i miss y
ou
um soco
de ar no st
ar de uma est
rela no esp
aço ou no est
âmago ai
nda sem você
eu
pass

raio de sol

de soslaio

assim sim	ação não
só assun	to
nem bem	mor
to	?	e já defun

FROM TOMB TO WOMB

FROM WOMB TO TOMB

          como
       um dente
    cai
lentamente

cai
   uma estrela
         cadente

            rápida
         como
      um raio

ou
   um desmaio   como
                      um corpo
                   que cresce
                lentamente

             desfalece
                de repente

                      um instante
                         sempre

                         se vai
       instantaneamente

eu não queria que todo mundo pensasse que eu era o que eu não sabia que todo mundo queria que eu pensasse que todo mundo sabia que eu era o que eu não sabia que eu queria era que todo mundo pensasse que eu era todo mundo

eu   eu
        eu
    eu   eu
        eu   eu
                eu

                todo mundo
                    todo mundo
                todo mundo

  todo mundo   todo mundo

céu contra
o muro

sol contra
o muro

ar contra
o muro

flor contra
o muro

—

furo
a favor

as coisas são

invisíveis

como o ar

se você não

para   para

reparar

a orquídea florindo na ferida
do tronco da pitangueira florida

aos carvões
prometo fogo

e aos fósforos
incêndios

aos milhões
de movimentos

das folhas
durante o vento

prometo
um olhar sereno

e ao adeus
um aceno

ABRILHO
FERROLHO

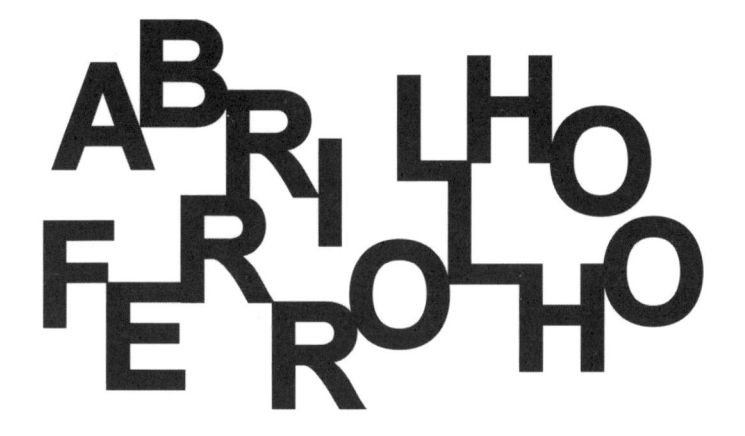

entre árvore e parede
(sólidas no solo)
área aérea:
a rede

não sei

se não

sei ou

se não

sei que

sei

mas

esque

cerei

                sai da goela
                do inferno
                ou do dragão

ganha a terra
se arrasta pelo chão

                                ganha asas
                        se alastra pelos ares

                casas currais pomares
                        incinera

        devasta   os pastos
                        por onde erra

                        até o ferro
                        frio

                        que o espera

                        para marcar
                        o boi

todo dia
no meu quintal
surge uma gia
e um girassol

algum acaso
dá uma rasteira
afunda o raso
transborda a beira

                          toda noite
                        no meu quintal
                      vejo o horizonte
                            horizontal

                          apenas água
                          dentro da pia
                            café no fogo
                              epifania

não posso dormir em São Paulo
pois não posso dormir em mim

não posso andar em São Paulo
pois não posso andar em mim

não posso morar em São Paulo
pois não posso morar em mim

mas posso sair de São Paulo
e posso voltar a mim

poema tirado de uma notícia de jornal 2

Fome, soidão, loucura e mistério mesclam-se dramaticamente na história da imigrante russa Helena Kuchnia, 66 anos, e de seu filho João Alberto, 28 anos, que há uma semana encontravam-se trancados dentro de casa, à rua Cabo José da Silva, 28, Parque Novo Mundo, à espera da morte. Alimentando-se apenas com água, sem dinheiro, sem ânimo e com nítidos sinais de perturbação mental, os dois foram obrigados a interromper o regime de abstinência graças à ação de vizinhos que, preocupados, avisaram a polícia. Ontem pela manhã, policiais do 19º Distrito (Vila Maria), sob ameaça de arrombamento da porta, conseguiram prestar-lhes alguma assistência. Mas mãe e filho recusam ajuda e continuam desejando a morte.

Com precário domínio da língua e muitas falhas de memória, dona Helena não explica muito bem porque deseja a morte. Com resignação, ela conta que após a morte do marido Nicolau, seu patrício e também morador no Parque Novo Mundo, "fez uma macumba" contra ela e seu filho que, depois disso, nada poderiam fazer para escapar à morte. "Não tenho medo de morrer. Tenho medo de roubar, matar e ser presa", disse ela, assustada, no 19º DP. Também afirma não acreditar em Deus, entidade que lhe parece desconhecida e insignificante diante da força da "macumba".

João Alberto, o filho, é o que apresenta comportamento mais estranho: quase não fala, não manifesta vontades, medo ou emoções. É apático e frio. Trajando roupas relativamente novas, com sinais de depilação das sobrancelhas e cabelo

todos ... ssimos e guarda-ro...

um ano, móveis por ... ficaram com ... pas", prossegue.

A única possibilidade de sobrevivência dos dois, a pensão do marido, é rejeitada por dona Helena, que rasgou o carnê previdenciário. Seu filho chegou a tirar uma segunda via, mas esta extraviou-se em setembro do ano passado. Impassível, João Alberto reage com indiferença e desdém quanto à possibilidade de resgatar a pensão atrasada. Atitude que é reforçada por sua mãe que, cansada e ansiosa, intervém para manifestar seu único desejo: "Senhor jornalista, não queremos ajuda de ninguém. Queremos ir para casa e morrer devagar".

... a competição é muito grande", afirma. Conta que é técnico em contabilidade e que foi demitido de seu último emprego, como ajudante-geral numa transportadora do bairro onde reside.

Morte misteriosa

Há cinco anos, João Alberto foi internado por seu falecido pai em um hospital psiquiátrico de Bom Jesus de Pirapora, onde permaneceu por três meses em tratamento. Vizinhos contam que o motivo da internação foi um comportamento excessivamente nervoso e violento que o teria levado a agredir o próprio pai. A mãe, ao visitá-lo, acabou também internada por um mês.

Natural da Ucrânia (URSS), dona Helena fugiu dos horrores da guerra em 1942, rumando para a Alemanha, onde conheceu o marido. Sete anos depois chegaram a São Paulo, onde o marido trabalhou durante 30 anos como almoxarife de uma mesma empresa. Homem digno e muito honesto, segundo os vizinhos, sua morte também está revestida de mistério. Consta que, depois de aposentar-se, ele reuniu toda a documentação da pensão e da casa e, juntou-a a algum dinheiro e sentou-se na varanda da casa. No dia seguinte foi encontrado morto, no mesmo local.

A casa em que residem no Parque Novo Mundo bem cuidada e razoavelmente grande, é própria, tem dois quartos e uma edícula nos fundos, com quarto e banheiro. "Ela raramente saía de casa, nunca conversava com ninguém", conta Eduardo da Fonseca Pinhó, dono de um bar nas proximidades. "Várias ... s e

Ontem, depois de medicados no Hospital de Vila Maria, onde tomaram soro, eles alimentaram-se bem, repetindo várias vezes a comida oferecida pelo 19º DP. No final da tarde, em viatura policial, foram encaminhados à assistente social Lígia Maria Fonseca, da Delegacia Seccional Norte, que pretendia informar-se sobre o caso e, até o final da noite, providenciar melhor assistência. "Não vamos deixá-los voltar para casa, pois já percebi que eles estão decididos a morrer. O mais certo é que os encaminhemos a algum ambulatório psiquiátrico para tratamento", informou. Para sua surpresa, porém, os dois fugiram da delegacia por volta de 20 horas, depois de serem entrevistados. Como estavam sem dinheiro e a distância até o Parque Novo Mundo é grande, policiais foram acionados para procurá-los nas imediações, mas até o final da noite não haviam sido localizados.

o rio

                        passa mas fica

o seu ruído

xis:
matriz:
peça chave: porta
: eixo: encruzilhada:
olho-d'água: nascente
: calcanhar de aquiles
: terceiro olho:
bifurcação
da língua da serpente:
poro: polo
: cerne: alvo:
óvulo: semente:
ponto
central: nervo
: trevo:
trave:
triz

não tem nada bom nem inteligente ou interessante que entusiasme excite atraia não desperta nunca um só desejo e já ninguém se liga no seu papo nunca acerta uma só flecha nem sequer tensiona o arco nem afia sua voz no escuro ao seu redor nenhuma pele se arrepia luz alguma acende os olhos de quem vê nem prende a atenção de quem escuta não se move com leveza nem destreza não tem charme algum também não tem beleza nos seus traços nem nos gestos e ninguém comenta alguma coisa que ele tenha feito ou dito em outra ocasião qualquer nem peito algum se apressa em sua presença nem sequer recordam sua fisionomia não se fala dele não se pensa nele não empolga não alegra ninguém o procura mas se acha

O senhor e a senhora
já viveram sua glória.
Seu tempo acabou, agora
a escória faz história.

VO
VO
AS
AAAAAS

OOOOOO
OO
A
SA

eu sou
isso

eu sou
o que é
em mim

de   lá
a   t é
a q u i

é   s ó
u   m

é   s ó
o que há
sem mim

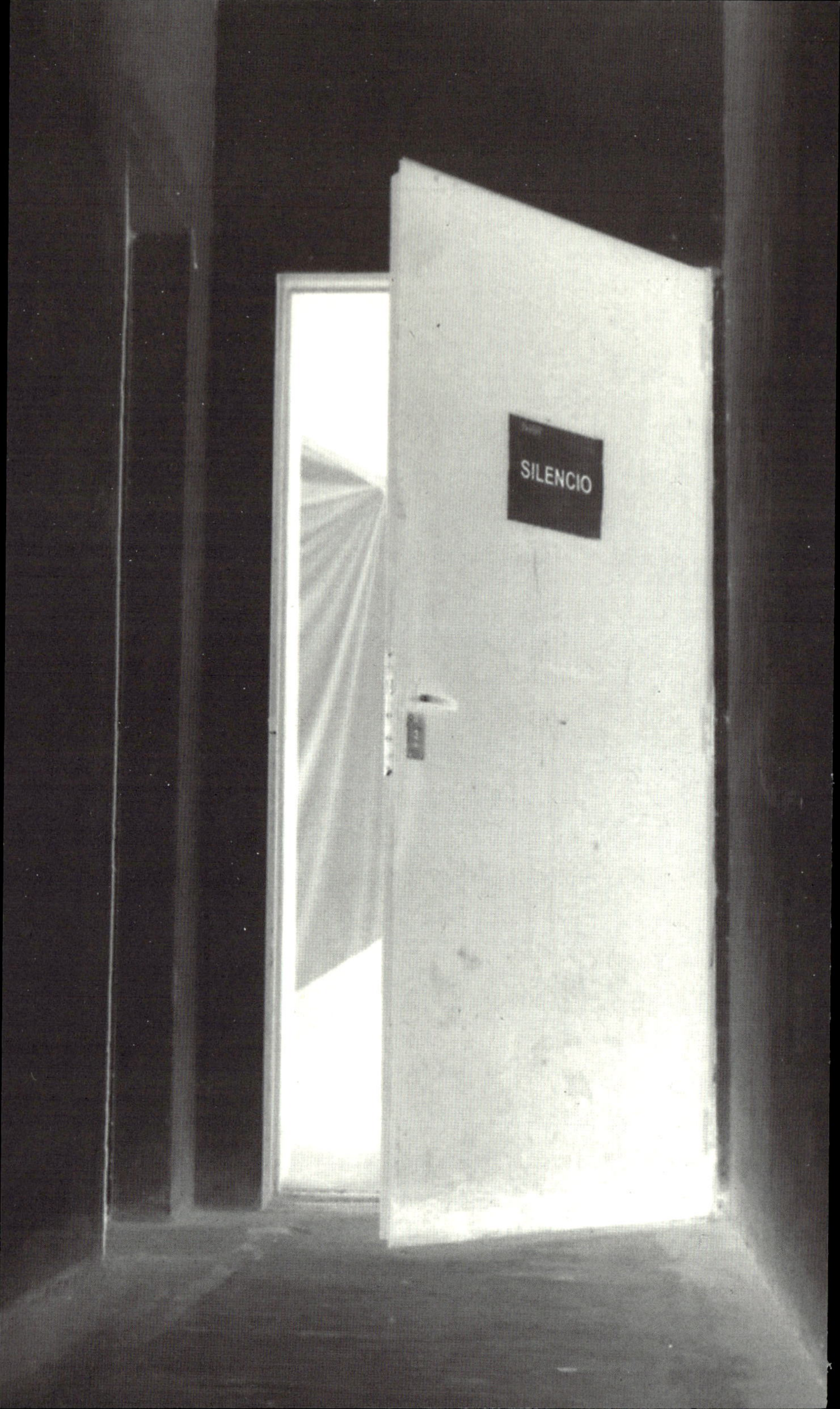
SILENCIO

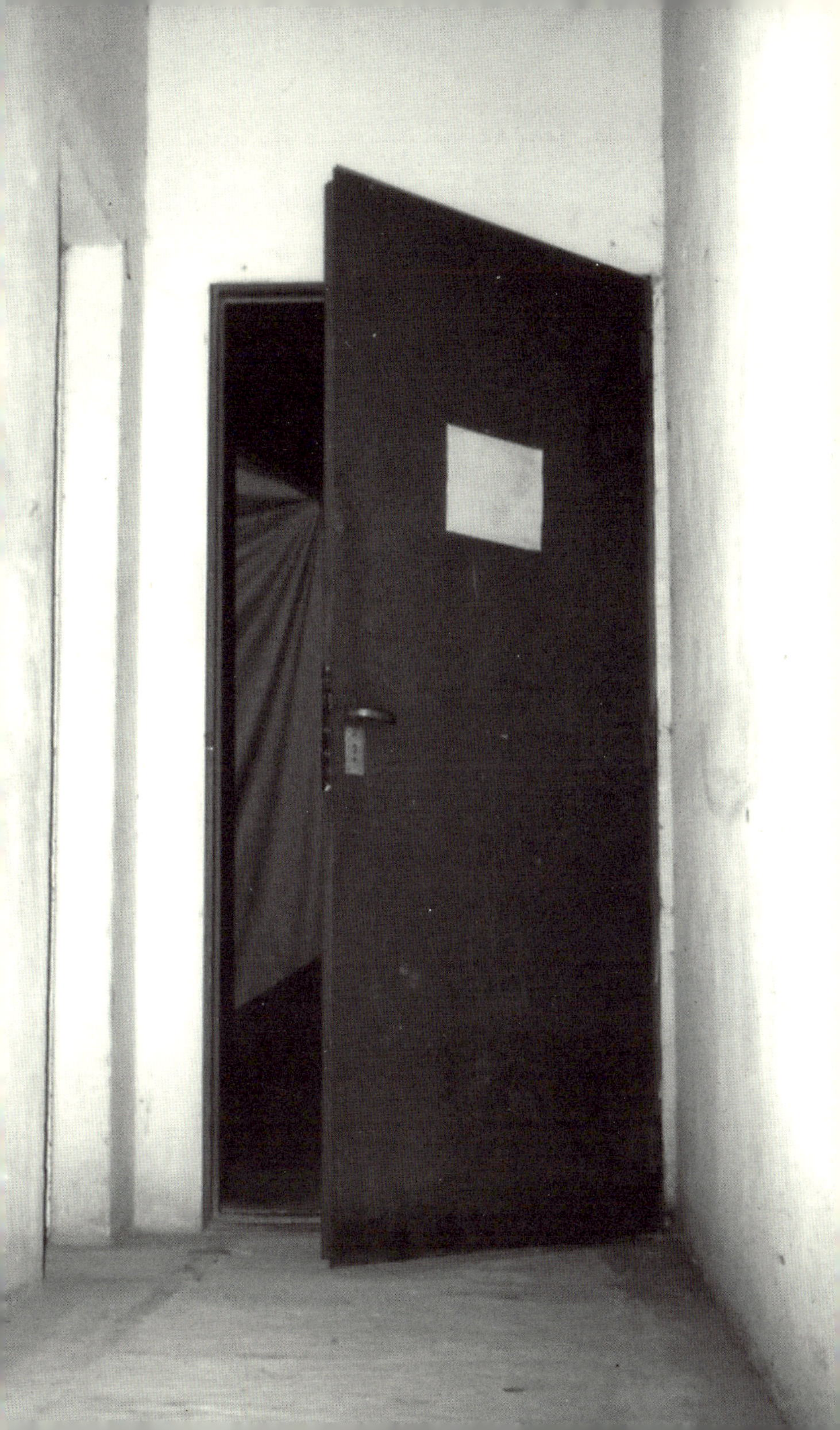

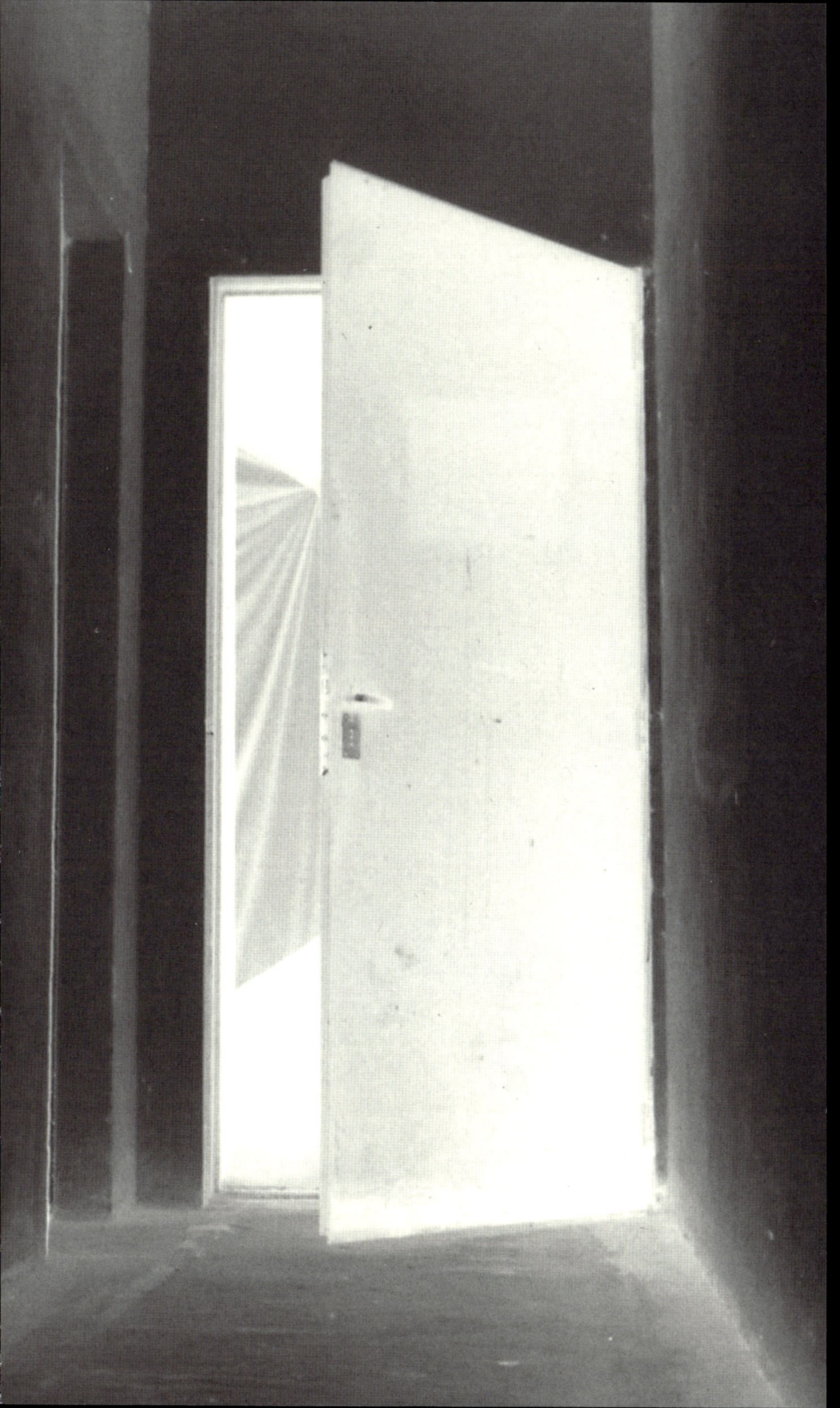

1ª EDIÇÃO [2015] 2 reimpressões

ESTA OBRA FOI COMPOSTA EM CENTURY GOTHIC E IMPRESSA PELA
GRÁFICA PAYM EM OFSETE SOBRE PAPEL PÓLEN BOLD DA SUZANO S.A.
PARA A EDITORA SCHWARCZ EM JULHO DE 2021

A marca FSC® é a garantia de que a madeira utilizada na fabricação do papel deste livro provém de florestas que foram gerenciadas de maneira ambientalmente correta, socialmente justa e economicamente viável, além de outras fontes de origem controlada.